# ¡Vamos al circo!

Español para niños
de Begoña Beutelspacher

Ernst Klett Sprachen
Stuttgart

| ÍNDICE | PÁGINA |
|---|---|
| Presentación | 3 |
| Los animales | 9 |
| Los números | 15 |
| La familia | 21 |
| Los colores | 27 |
| Los alimentos | 33 |
| La ropa | 39 |
| El cuerpo | 45 |
| La naturaleza | 51 |
| Vamos a repasar | 56 |

# ¡Vamos al circo!
Español para niños

1. Auflage      1 ²³ ²² ²² ²⁰ ¹⁹ | 2028 27 26 25 24

Alle Drucke dieser Auflage sind unverändert und können im Unterricht nebeneinander verwendet werden.
Die letzte Zahl bezeichnet das Jahr des Druckes. Das Werk und seine Teile sind urheberrechtlich geschützt. Jede Nutzung in anderen als den gesetzlich zugelassenen Fällen bedarf der vorherigen schriftlichen Einwilligung des Verlags.

© Ernst Klett Sprachen GmbH, Rotebühlstraße 77, 70178 Stuttgart, 2002.
Alle Rechte vorbehalten. Die Nutzung der Inhalte für Text- und Data-Mining ist ausdrücklich vorbehalten und daher untersagt.
www.klett-sprachen.de

Autorin: Begoña Beutelspacher
Pädagogische Mitarbeit: Encina Alonso
Übersetzung: Bettina Peters

Redaktion: Cristina Palaoro
Umschlag und Illustrationen: Anke Jessen
Druck und Bindung: Elanders Waiblingen GmbH

Printed in Germany
ISBN 978-3-12-514213-8

El circo está aquí. Todo está preparado.
"Pasen, señoras y señores, niños y niñas, bienvenidos al circo".

# Presentación

Hola, ¿cómo te llamas?

¡Hola!, me llamo Carmen.

¡Hola!, soy Pablito.

Y yo soy Pepe.

Yo me llamo Zulu.

Y tú, ¿cómo te llamas?
Escribe tu nombre y colorea el dibujo según seas niño o niña.

¡Hola!, me llamo
_____

¡Hola!, soy
_____

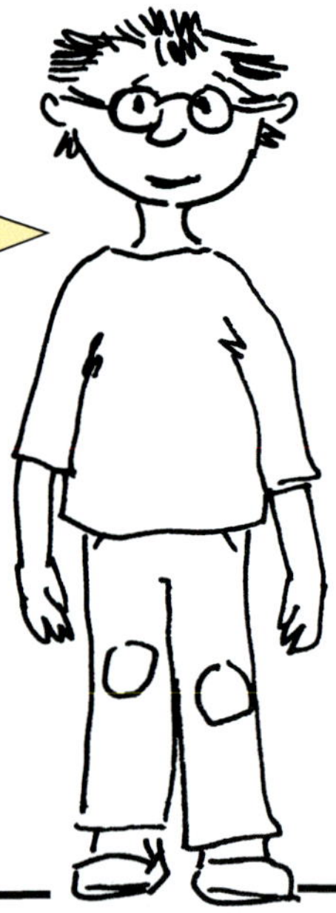

niña    niño

¿Conoces a todos tus compañeros y compañeras? ¿Cómo se llaman?

4 • cuatro

# Presentación

Me llamo

Aquí puedes dibujarte o pegar una foto tuya.

Mi profesor / mi profesora se llama

# Presentación

¡Hola, buenos días!

¡Buenas tardes!  ¡Adiós, buenas noches!

Saluda a todos tus amigos y amigas.

# Presentación

Busca las letras de tu nombre y colorea los dibujos.

| | |
|---|---|
| **A** | avión |

| | | | |
|---|---|---|---|
| **B** barco | **C** coche | **CH** chocolate | **D** dragón |
| **E** elefante | **F** fantasma | **G** gato | **H** helado |
| **I** indio | **J** jirafa | **K** kilo | **L** león |
| **LL** llave | **M** mono | **N** niña | **Ñ** niño |
| **O** oso | **P** perro | **Q** queso | **R** ratón |
| **S** serpiente | **T** té | **U** uno | **V** vaca |
| **W** waterpolo | **X** xilófono | **Y** yoyó | **Z** zapato |

siete • 7

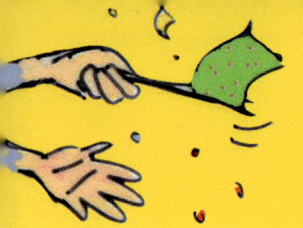

# Presentación

¿Con qué letra empieza?
Une los dibujos con la letra correspondiente.

O S

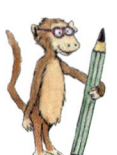

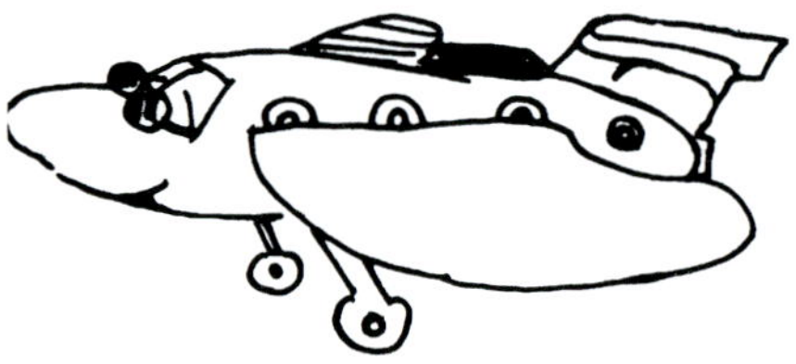

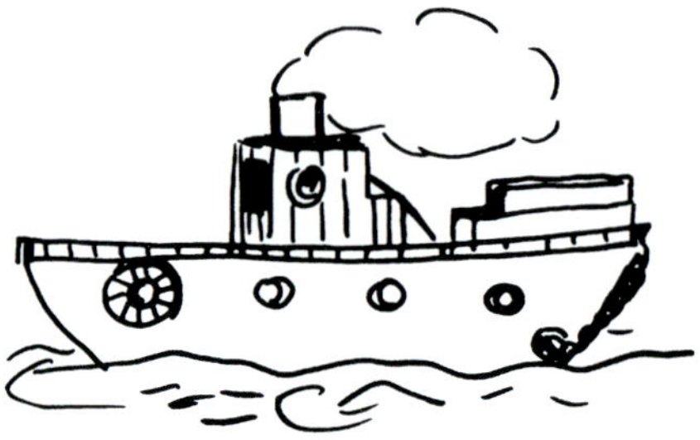

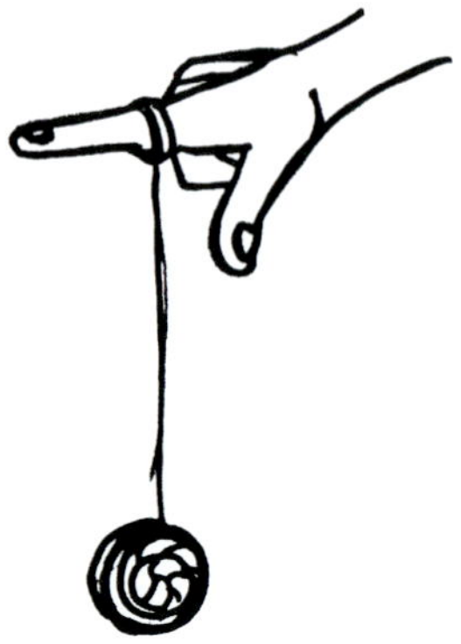

F A D

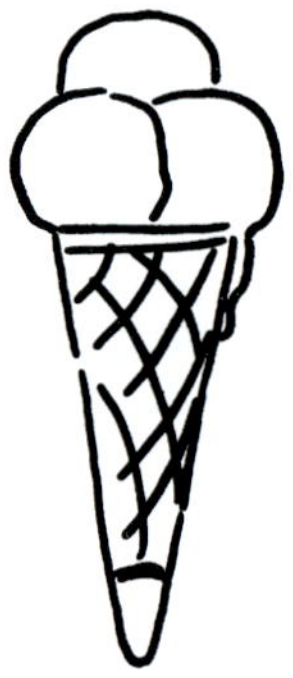

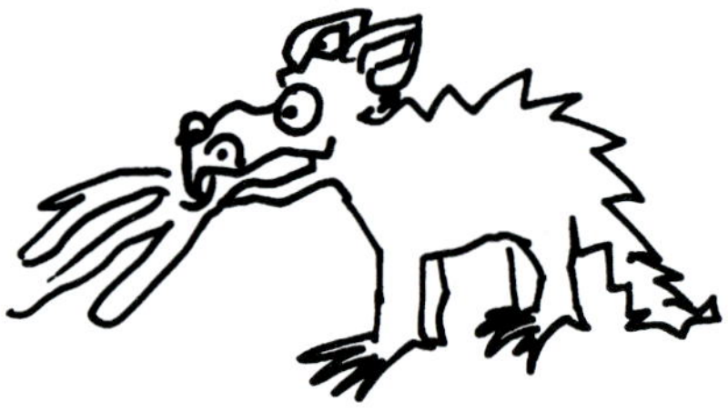

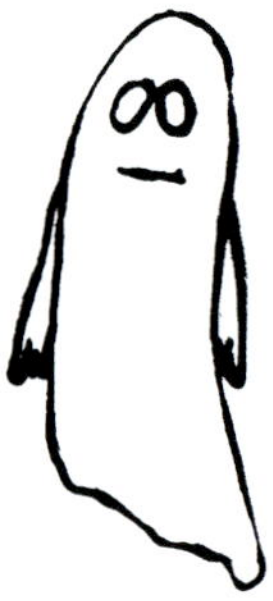

E Y L

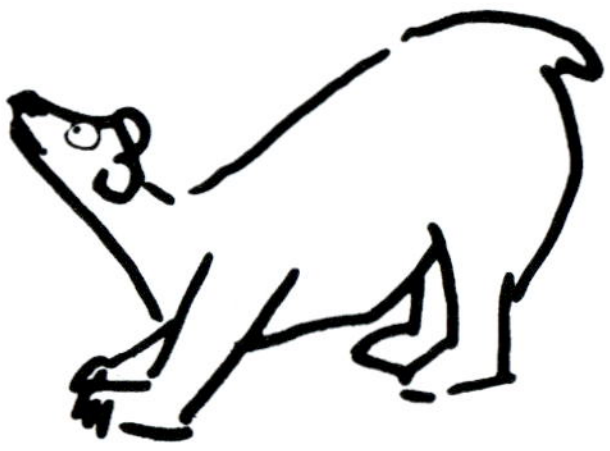

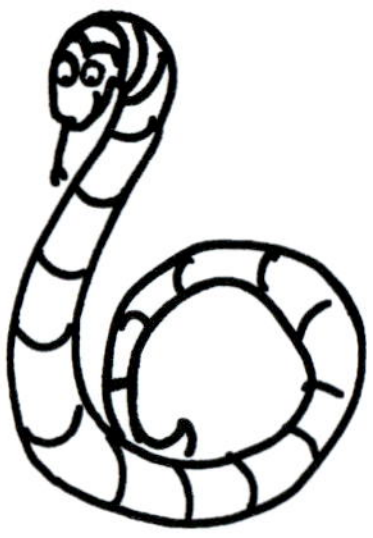

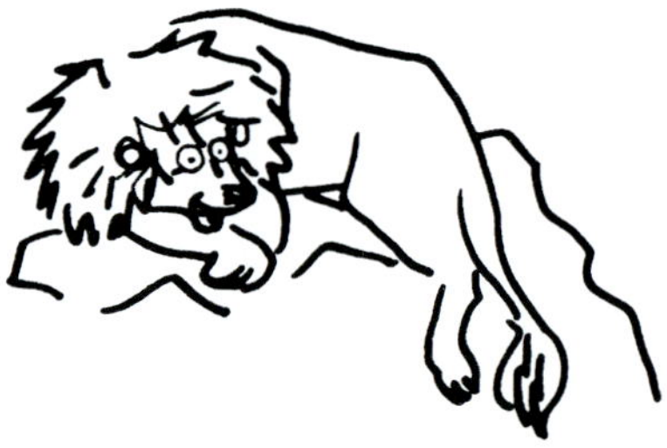

H X B

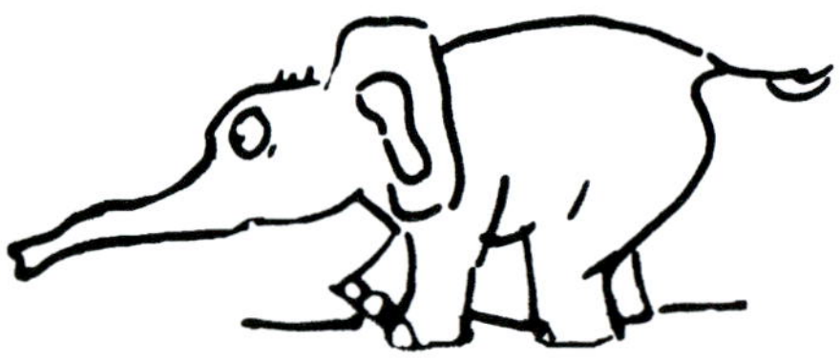

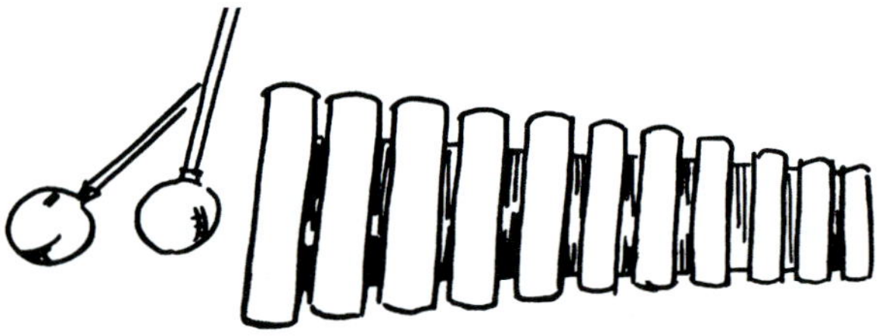

Carmen y Pablito tienen muchos amigos en el circo.
"Este es mi amigo el mono Pepe".

# Los animales

¿Quiénes son tus amigos y amigas?
Escribe sus nombres y cuéntale a tu profesor o profesora.

mis amigos                    mis amigas

# Los animales

Mira lo que dice la cebra y completa el crucigrama.

**1.** tigre • **2.** cebra • **3.** caballo • **4.** oso • **5.** gato

2. Soy una cebra.

3. Soy un _____

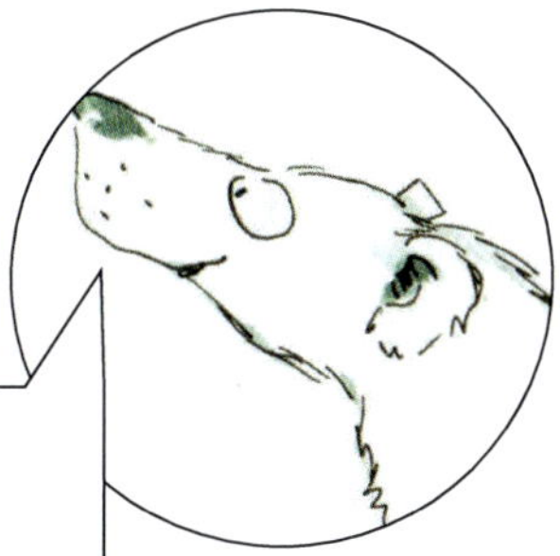

4. Soy un _____

5. Soy un _____

1. Soy un _____

once • 11

# Los animales

Dibuja a tu perro y a tu gato.
Ayúdales a encontrar sus juguetes.

¿Cómo se llama tu gato?

¿Cómo se llama tu perro?

# Los animales

Mira los dibujos. Encuentra tres animales rápidos y tres lentos. Escribe sus nombres debajo de cada columna y compara con tu amigo o amiga.

serpiente  antílope  gusano

conejo  tigre  caracol

| lentos | rápidos |
| --- | --- |
|  |  |
|  |  |
|  |  |

trece • 13

# Los animales

¿Cuáles son tus animales favoritos? Dibújalos y escribe sus nombres.
Si no lo sabes, pregúntale a tu profesor o profesora.

Hoy es el cumpleaños de Carmen. El dos de agosto. Antes de empezar la función todos cantan la canción de cumpleaños feliz. "¡Felicidades!"

# Los números

Colorea los números.

0 CERO
1 UNO
2 DOS
3 TRES
4 CUATRO
5 CINCO
6 SEIS
7 SIETE

8 OCHO
9 NUEVE
10 DIEZ
11 ONCE
12 DOCE
13 TRECE
14 CATORCE
15 QUINCE

¿Qué número es?
Descubre los números que se esconden en cada dibujo y compara con tu compañero o compañera.

# Los números

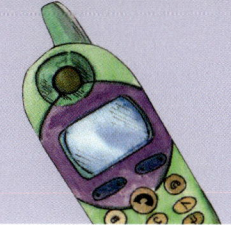

En cada línea se ha escondido un número. ¿Dónde está?

**6**   D P S E I S O J K F S I

**11**  K L O N K H O N C E L A

**5**   O H I L O C I N C O P H

**15**  Q I N K U O Q U I N C E

**10**  M D H I D I E L D I E Z

**2**   J O Z D O S I H A U F Z

¿Cuántos gatos hay? Hay…
¿Cuántas vacas hay? Hay…

diecisiete • 17

# Los números

¿Cómo vuela Pepe?
Une los puntos por orden y lo verás.

once
diez
doce
nueve
trece
catorce
ocho
quince
dieciséis
tres
diecisiete
seis cuatro
dieciocho
siete cinco
dos diecinueve
uno

veinte
veintiuno • veintidós
veintitrés • veinticuatro
veinticinco • veintiséis
veintisiete • veintiocho
veintinueve
treinta y uno • treinta

18 • dieciocho

# Los números

El calendario. El cumpleaños de Carmen es el dos de agosto.
¿Y el tuyo? Rodéalo con un círculo.

| ENERO | FEBRERO | MARZO | ABRIL |
|---|---|---|---|
|                   1<br>2  3  4  5  6  7  8<br>9 10 11 12 13 14 15<br>16 17 18 19 20 21 22<br>23 24 25 26 27 28 29<br>30 31 |       1  2  3  4  5<br>6  7  8  9 10 11 12<br>13 14 15 16 17 18 19<br>20 21 22 23 24 25 26<br>27 28 |       1  2  3  4  5<br>6  7  8  9 10 11 12<br>13 14 15 16 17 18 19<br>20 21 22 23 24 25 26<br>27 28 29 30 31 |                   1  2<br>3  4  5  6  7  8  9<br>10 11 12 13 14 15 16<br>17 18 19 20 21 22 23<br>24 25 26 27 28 29 30 |
| MAYO | JUNIO | JULIO | AGOSTO |
| 1  2  3  4  5  6  7<br>8  9 10 11 12 13 14<br>15 16 17 18 19 20 21<br>22 23 24 25 26 27 28<br>29 30 31 |          1  2  3  4<br>5  6  7  8  9 10 11<br>12 13 14 15 16 17 18<br>19 20 21 22 23 24 25<br>26 27 28 29 30 |                   1  2<br>3  4  5  6  7  8  9<br>10 11 12 13 14 15 16<br>17 18 19 20 21 22 23<br>24 25 26 27 28 29 30<br>31 | 1  2  3  4  5  6<br>7  8  9 10 11 12 13<br>14 15 16 17 18 19 20<br>21 22 23 24 25 26 27<br>28 29 30 31 |
| SEPTIEMBRE | OCTUBRE | NOVIEMBRE | DICIEMBRE |
|               1  2  3<br>4  5  6  7  8  9 10<br>11 12 13 14 15 16 17<br>18 19 20 21 22 23 24<br>25 26 27 28 29 30 |                     1<br>2  3  4  5  6  7  8<br>9 10 11 12 13 14 15<br>16 17 18 19 20 21 22<br>23 24 25 26 27 28 29<br>30 31 |       1  2  3  4  5<br>6  7  8  9 10 11 12<br>13 14 15 16 17 18 19<br>20 21 22 23 24 25 26<br>27 28 29 30 |               1  2  3<br>4  5  6  7  8  9 10<br>11 12 13 14 15 16 17<br>18 19 20 21 22 23 24<br>25 26 27 28 29 30 31 |

¿En qué mes estamos? En _____

¿En qué mes es tu cumpleaños? _____

¿Cuándo es tu cumpleaños?

Completa las frases.

Mi cumpleaños es el _____ de _____ .

Pregunta a un niño cuando es su cumpleaños y escríbelo.

_____

diecinueve • 19

# Los números

¿Cuántos años tienes?
Dibuja una tarta con tantas velas como años tengas.

Yo tengo 8 años.
¿Y tú?

Dibuja los regalos que quieres para tu cumpleaños.
Pregunta el nombre de lo que no conozcas.
¿Y tu amigo qué quiere? ¿Y tu amiga?

¿Cómo se dice … en español?

20 • veinte

Empieza la función. La familia de los elefantes sale a la pista.
"Bienvenidos señoras y señores, niños y niñas, con ustedes…
la familia de los elefantes de África".

# La familia

Colorea la familia de los leones de la página siguiente (papá león, mamá leona, hermana leona y hermano león) y la familia de los elefantes, (abuelo y abuela elefante, mamá elefante, papá elefante, hermano elefante y hermana elefante).

Recórtalos.

Pega aquí las dos familias. ¿Quién es quién?

# La familia

hermano león

abuelo elefante
abuela elefante

mamá elefante

hermana leona

hermano elefante

hermana elefante

papá elefante

mamá leona
papá león

veintitrés • 23

# La familia

# La familia

Colorea el elefante. Busca en la sopa de letras las siguientes palabras:
hermano, hermana, papá, mamá, abuelo y abuela.

```
H H E R P A B U E H O L
E P M A M A A B U L P N
M M A B U E L A K U M A
N U P A P A N H E B L S
H E R M A N O S O U H A
K A B U E L O S M A M P
L A M H E R M O D E P N
M M H E R M A N A K S U
```

Colorea la misma palabra con el mismo color.

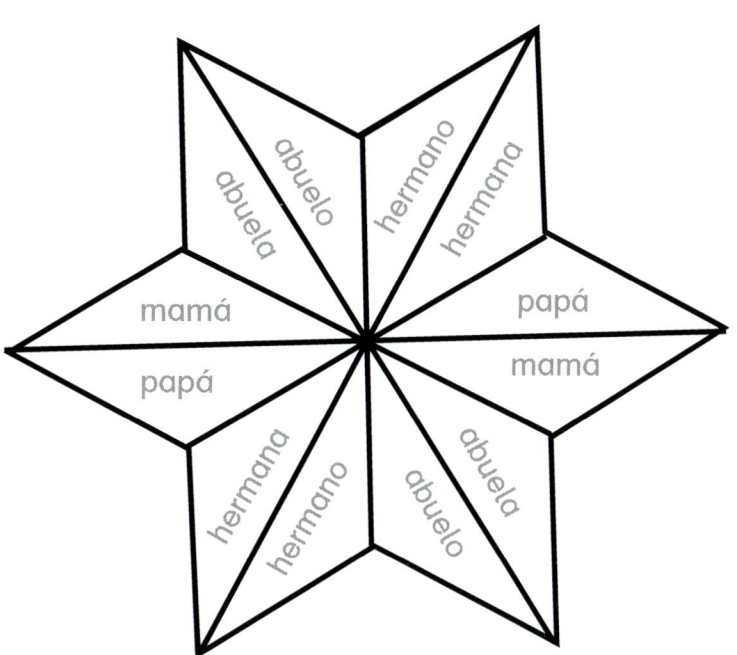

veinticinco • 25

# La familia

Dibuja a tu familia y dile a tu amigo o amiga quiénes son.

¿Quién es tu familia?

Mi mamá se llama _____

_____

_____

_____

Ahora preséntala a la clase.

Es el turno de los payasos Colorini. Tienen globos de muchos colores; rojo, verde, amarillo, azul y los reparten entre los niños. "¿Quieres uno?"

# Los colores

¿De qué color?
Pinta los colores del arcoiris.

AZUL
LILA
ROJO
NARANJA
AMARILLO
VERDE

Mi color favorito es el azul.
¿Cuál es tu color favorito?

Dibuja y colorea un paisaje con el cielo, el sol, una flor, un coche, una casa y hierba.
¿De qué color es tu casa?
¿Y el coche de tu amigo? Pregúntaselo.

# Los colores

Colorea cada dibujo del color indicado.

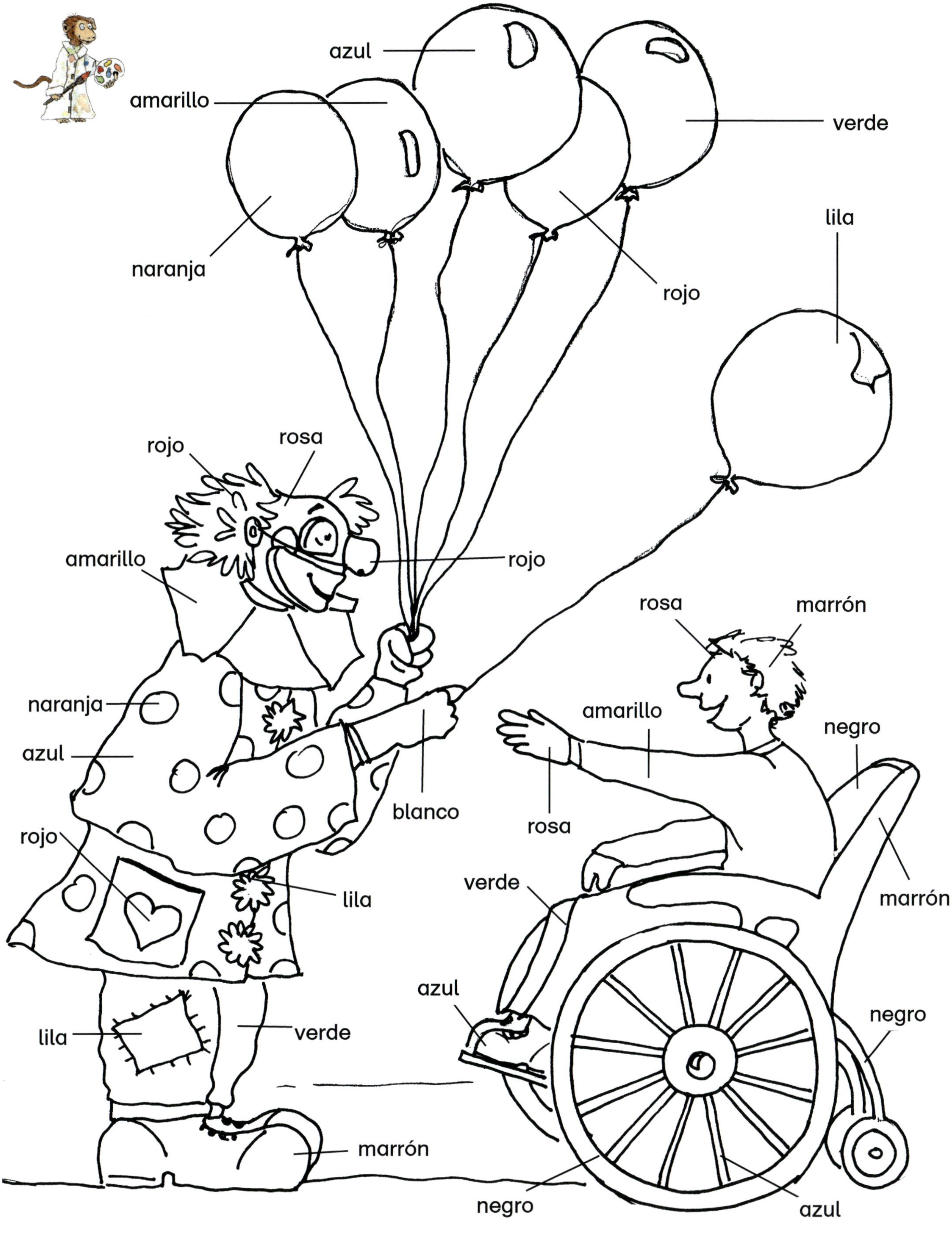

# Los colores

Colorea los globos de los payasos Colorini y pregunta a tu amigo o amiga.
¿De qué color es el 1? Es…

¿De qué color es el 1?

30 • treinta

# Los colores

Aprende el poema de memoria y dibuja las flores de los mismos colores.

Blanco y naranja,
amarillo y verde,
el rojo y el lila,
y el azul celeste.
Bonitos colores,
que tienen las flores.

¿De qué color es la rosa?

Colorea los dibujos.

| rosa | loro | limón |

| gato | árbol | nieve |

treinta y uno • 31

# Los colores

Busca en la sopa de letras los colores del arcoiris.

```
A M A R I L L O A Z P L R
F E N E R P K J R O J O D
D L E H A Z U L G E P J S
N A R O N A R A N J A N P
K V O D A P E H D W J P K
H E L A V E R D E P T F H
D R L I L A A L U Z D K O
```

Resuelve el crucigrama contestando a las preguntas.

1. ¿De qué color es la nieve?
2. ¿De qué color es el tomate?
3. ¿De qué color es el sol?
4. ¿De qué color es el gato?
5. ¿De qué color es la hierba?

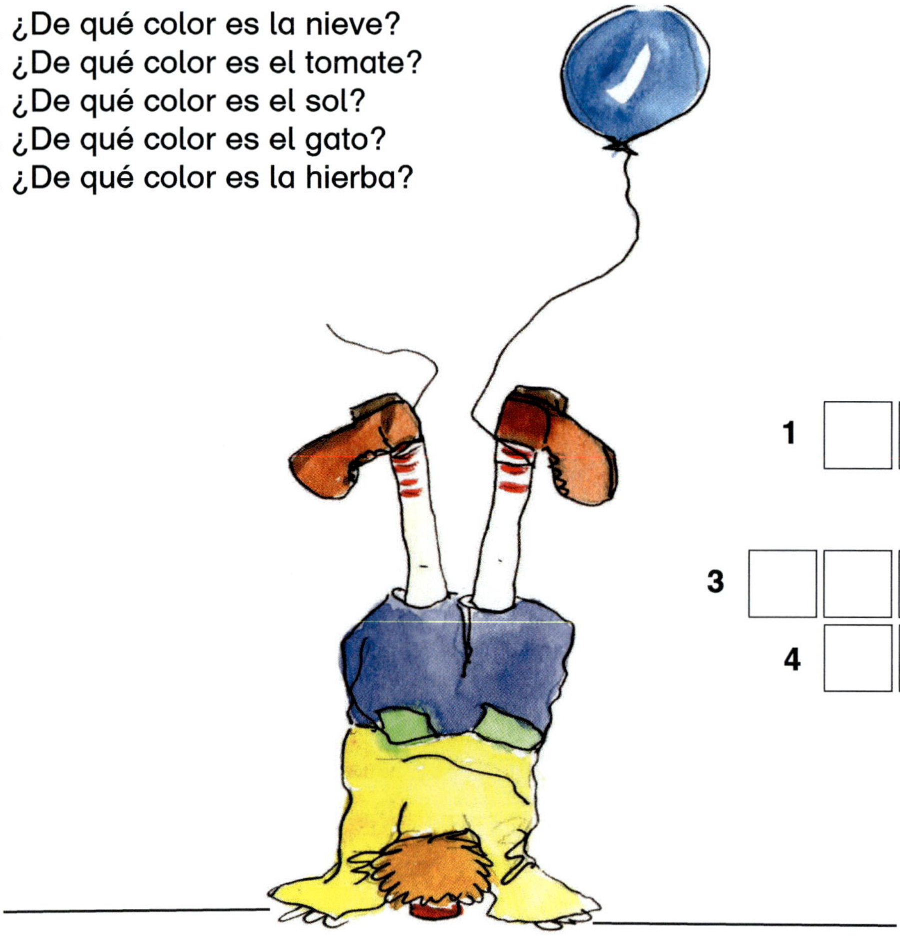

32 • treinta y dos

En el circo también se puede beber y comer en el descanso.
"Palomitas, patatas, cacahuetes, limonada, zumo de naranja, helados".

# Los alimentos

¿Te gusta? ¿Te gustan?
Colorea tus comidas y bebidas preferidas.

| la limonada | los espaguetis | la leche | las palomitas |

 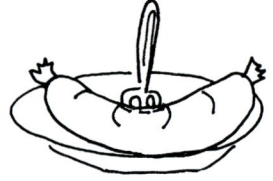  

| el zumo de naranja | la salchicha | las manzanas | la miel |

| las patatas fritas | el queso | el té | los cacahuetes |

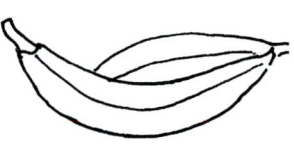   

| los plátanos | el chocolate | los huevos | los limones |

 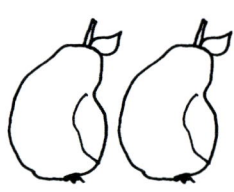

| el agua | las peras |

Compara con tu amigo o amiga.

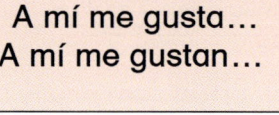
A mí me gusta…
A mí me gustan…

# Los alimentos

Dibuja un helado de chocolate, fresa y vainilla.

¿Y a ti? ¿Qué helado te gusta?

Me gusta el helado de _____

| Piensa en tres cosas que te gustan y dibújalas. ¿Cómo se dice en español? | Piensa en tres cosas que no te gustan y dibújalas. ¿Cómo se dice en español? |
|---|---|
| SÍ | NO |
|  |  |

Elige una cosa que te gusta y dila en voz alta. Los compañeros que están de acuerdo se levantan y dicen:

A mí también.

Elige una cosa que no te gusta y dila en voz alta. Los compañeros que están de acuerdo se levantan y dicen:

A mí tampoco.

# Los alimentos

Colorea los espacios de las cosas que se puedan beber y verás una cosa. ¿Qué es?

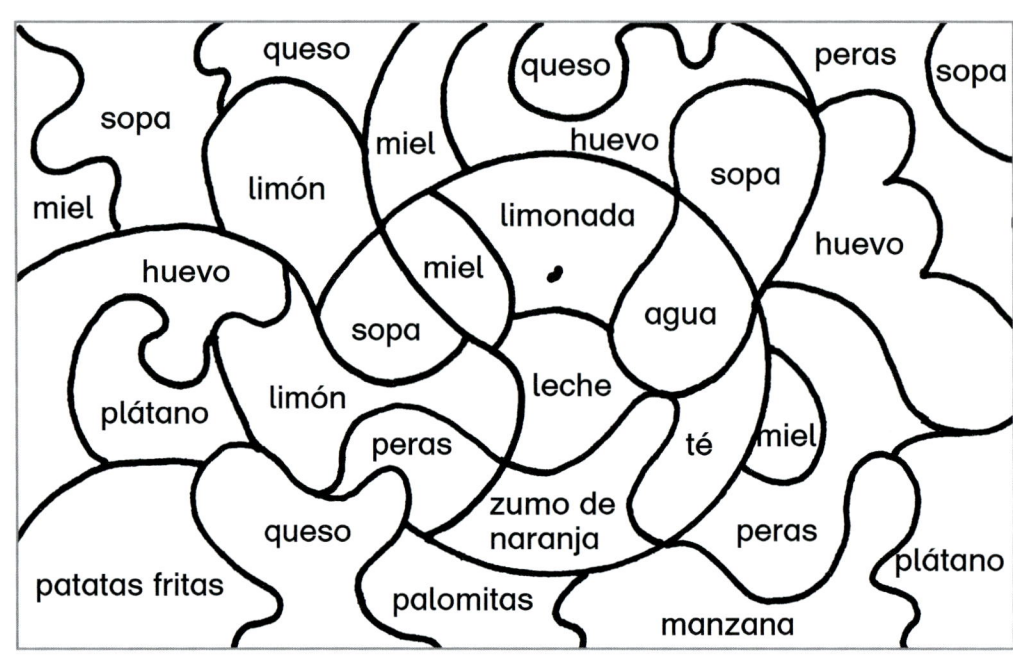

Resuelve el crucigrama.

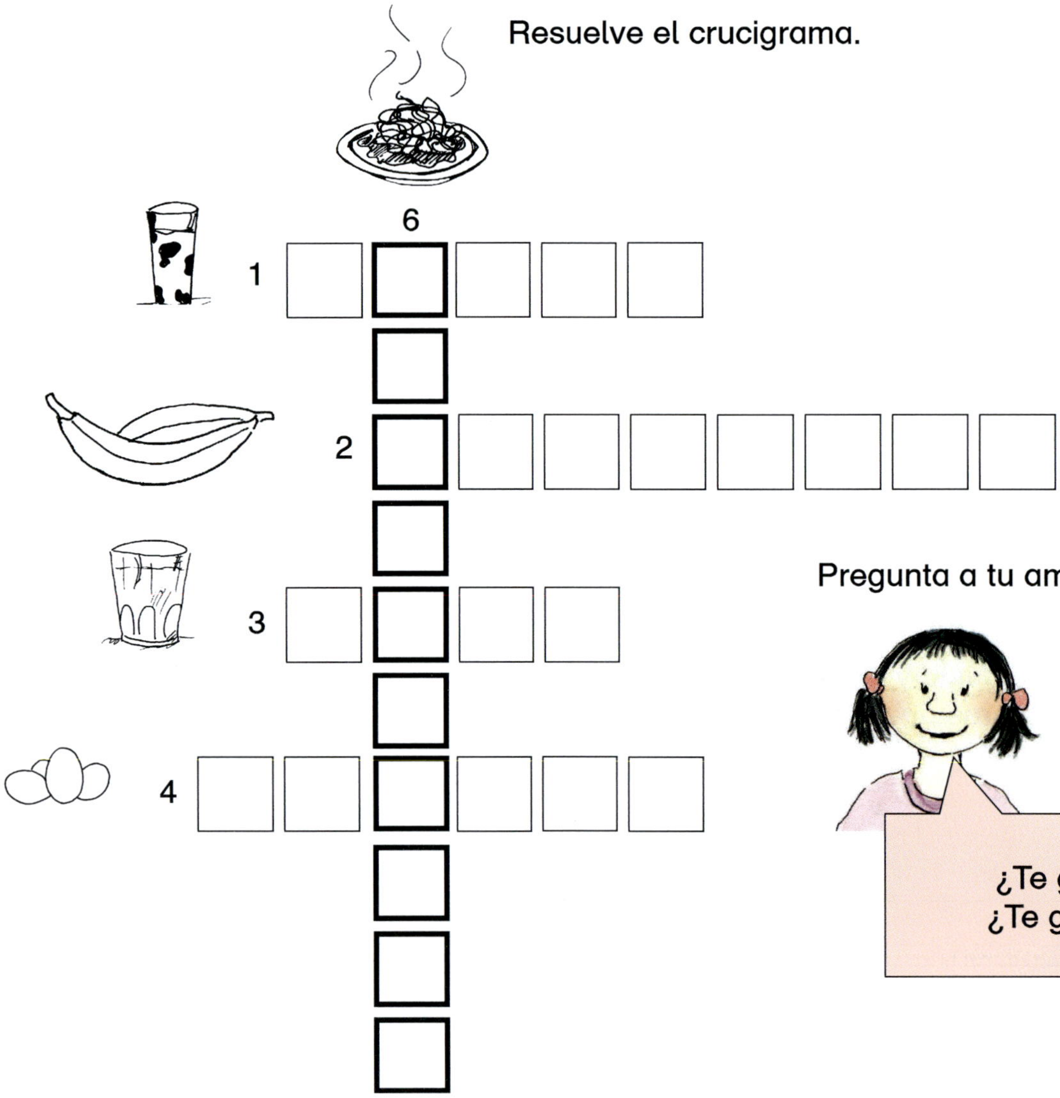

1. 
2. 
3. 
4. 
6. 

Pregunta a tu amigo o amiga:

¿Te gusta…?
¿Te gustan…?

36 • treinta y seis

# Los alimentos

Colorea los días de la semana. ¿Qué día es hoy?
Dibuja tu comida preferida para hoy y para el domingo y escribe su nombre.

### lunes
### martes
### miércoles

 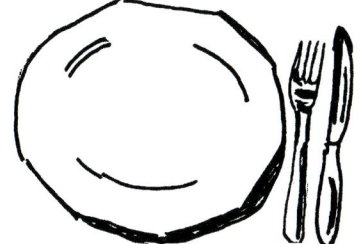 

### jueves
### viernes
### sábado

### domingo

¿Cómo se dice … en español?

# Los alimentos

DÍAS DE LA SEMANA

lunes — El lunes come pescado.

martes — _____ pimiento.

miércoles — _____

jueves — _____

viernes — _____

sábado — _____

domingo — _____

¿Qué come la serpiente el martes?

38 • treinta y ocho

Le toca a Pablito con su monociclo. Pablito se viste para empezar la función. "¿Dónde están mis pantalones?"

# La ropa

Colorea.

pantalones

jersey

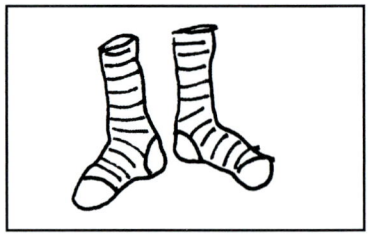
calcetines

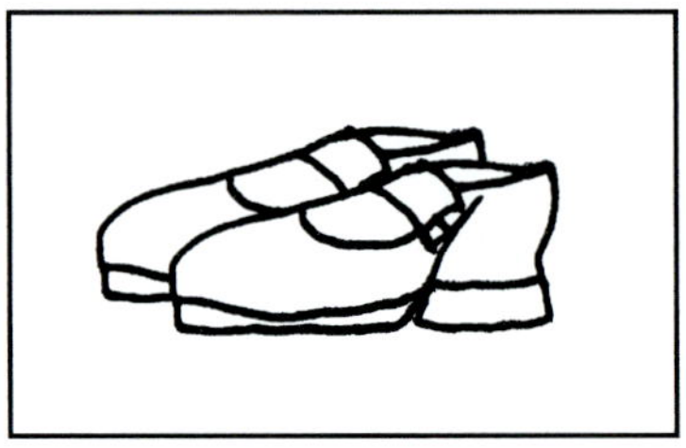

zapatos

camiseta

falda

Encuentra las palabras de arriba en la sopa de letras y colorea.

```
C P L C E T I N E
A A Z A P S A T O E
L N C A P T I O S
C T A E S A K A K
E A M N T I T O L
T L I M F A N D P
I O S L D A L F A
N N E U M A F M F
E E T E R U G U M
S S A J E S Y E N
J U L M O R Y
J B J O
Z
```

¿Qué hay en el armario? Hay...

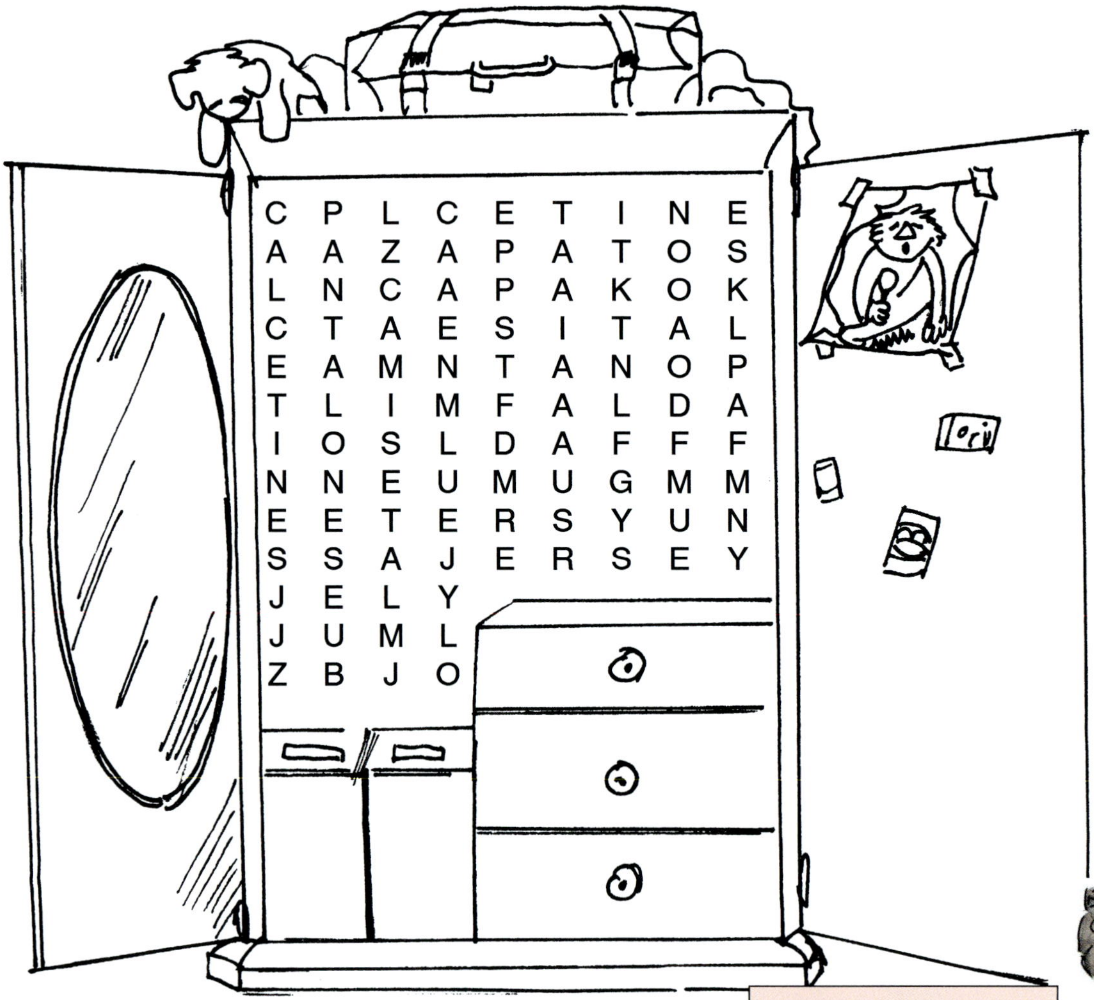

# La ropa

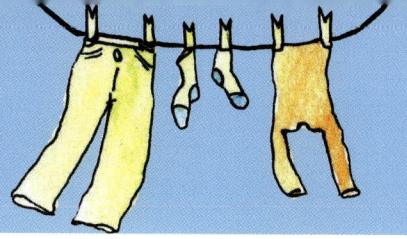

Vamos a jugar al bingo. Elige cuatro casillas y haz el dibujo.
Tu profesor o profesora nombra las prendas y si coincide con las tuyas táchalas.
El primero que tiene las cuatro casillas dice: ¡Bingo!

| calcetines rojos | pantalones naranja | blusa roja | zapatos verdes |
| --- | --- | --- | --- |
| falda verde | calcetines azules | camisetas rojas | jersey azul |
| faldas amarillas | falda azul | pantalones verdes | camiseta naranja |

# La ropa

Dibújate con la ropa que llevas y completa la frase.

Llevo _____

Describe lo que lleva puesto alguien de la clase.
Los demás adivinan quién es.

# La ropa

¡¡Vacaciones!! ¿Qué puedes meter en la maleta?
Rodéalo con un círculo.

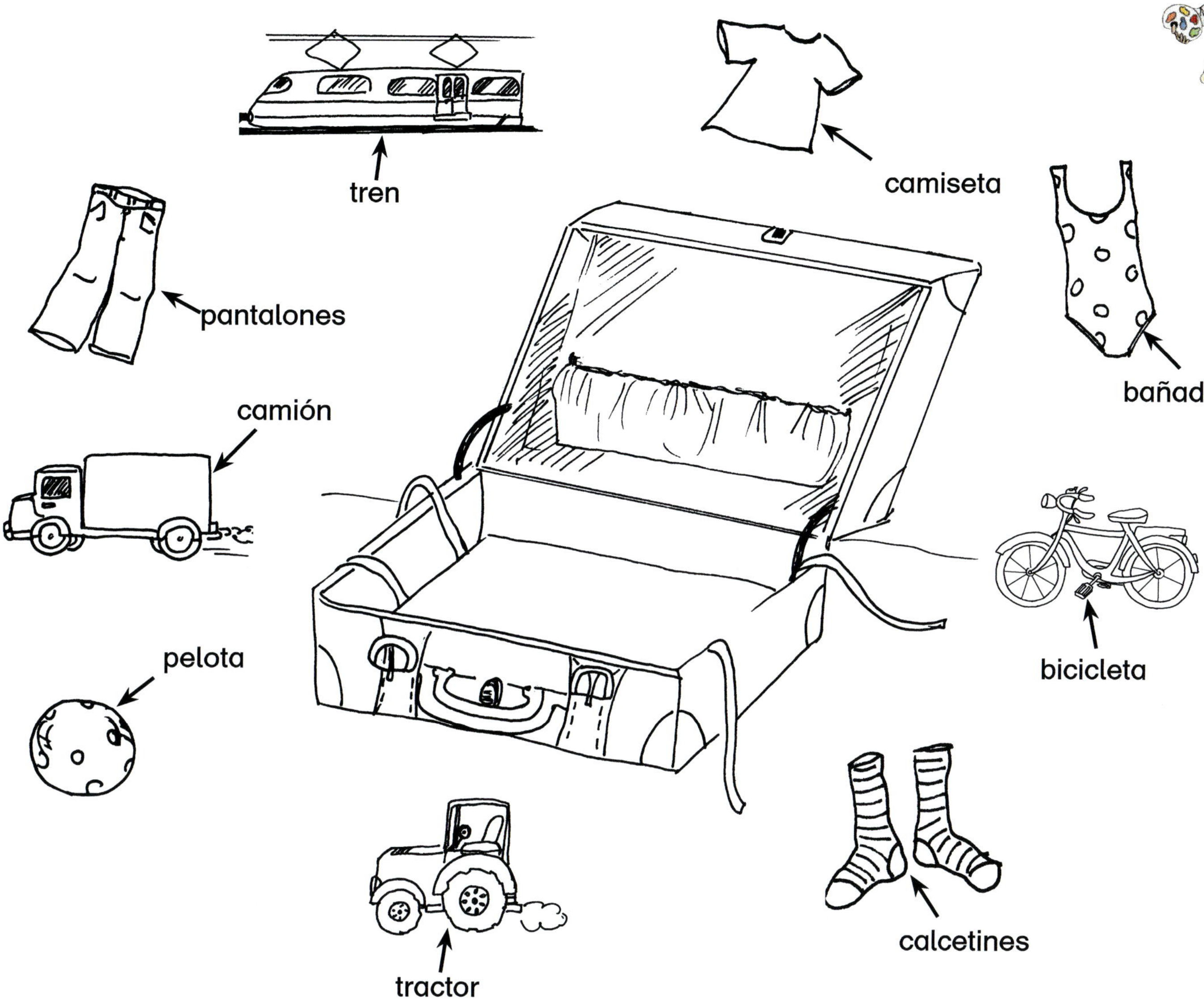

tren

camiseta

pantalones

bañador

camión

bicicleta

pelota

calcetines

tractor

Para jugar entre todos:

En mi maleta hay una camiseta roja.

En mi maleta hay una camiseta roja y un bañador rojo.

En mi maleta hay…

cuarenta y tres • 43

# La ropa

## VACACIONES

Voy a México. En avión.

¿A dónde vas? ¿Cómo?

Resuelve el crucigrama y sabrás qué necesita Pablito para su actuación.

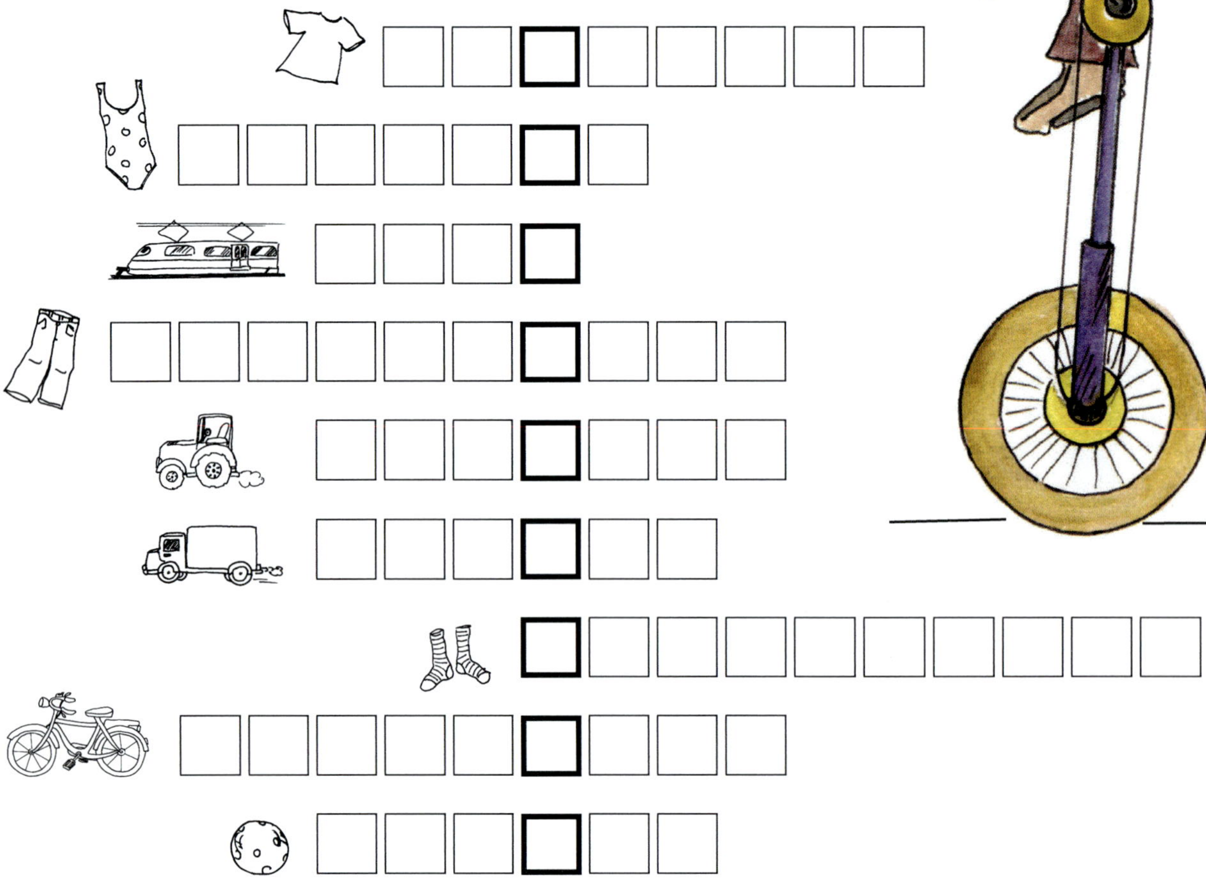

Empieza la actuación de Carmen. "Con ustedes la gran equilibrista Carmen".
¡Ohhhh!, ¡se cae del caballo! ¡Qué susto! Por suerte no es grave.

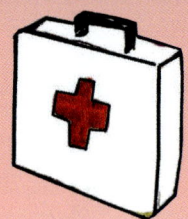

# El cuerpo

Colorea las palabras de las partes del cuerpo.

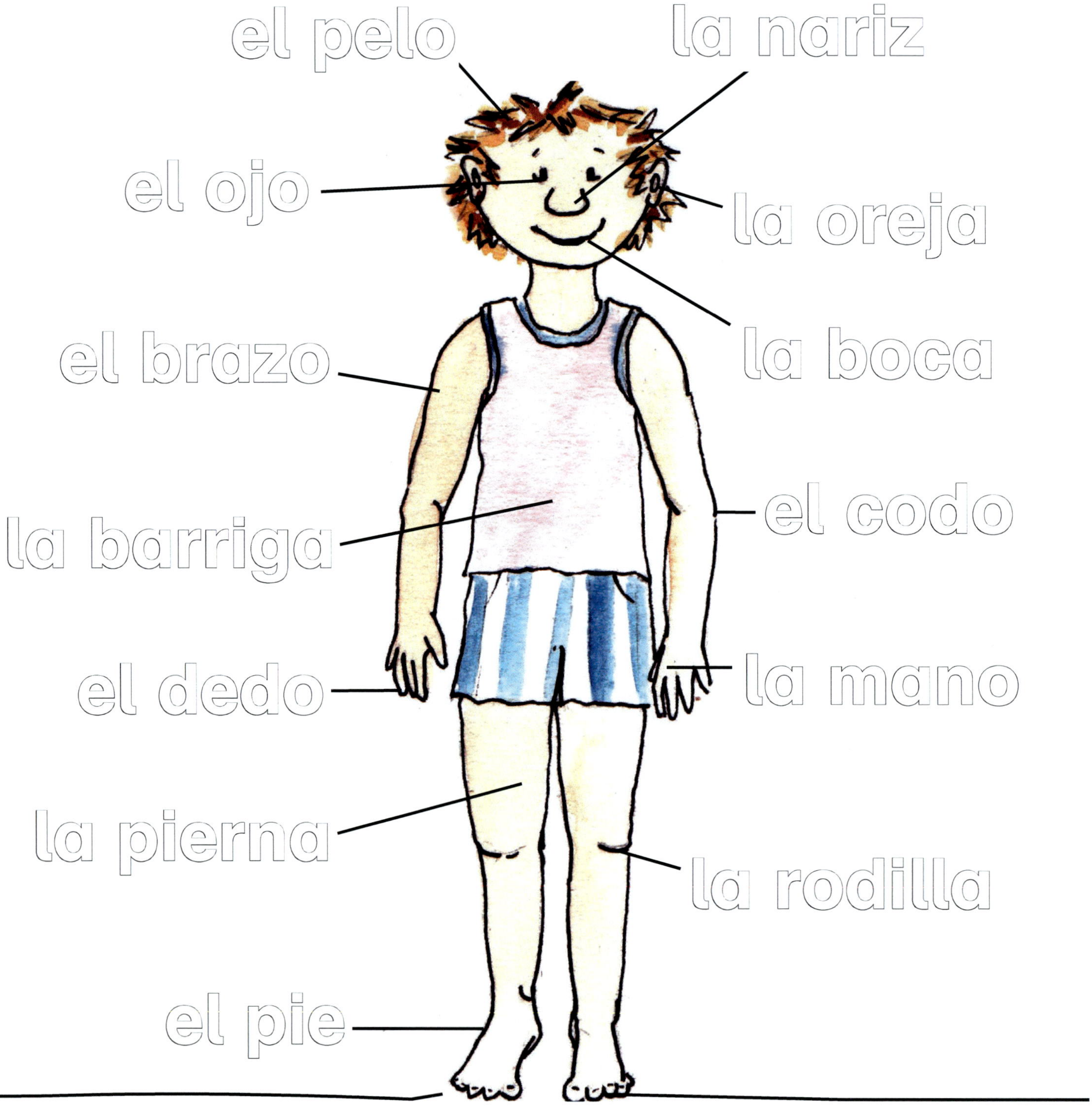

- el pelo
- la nariz
- el ojo
- la oreja
- la boca
- el brazo
- el codo
- la barriga
- el dedo
- la mano
- la pierna
- la rodilla
- el pie

# El cuerpo

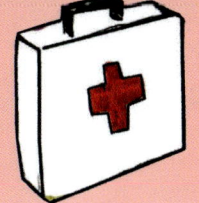

Mido 1,60 m.
¿Y tú cuánto mides?

| 1,60 | un metro sesenta |
| 1,50 | un metro cincuenta |
| 1,40 | un metro cuarenta |
| 1,30 | un metro treinta |
| 1,20 | un metro veinte |
| 1,10 | un metro diez |
| 1,00 | un metro |
| 90 | noventa centímetros |
| 80 | ochenta centímetros |
| 70 | setenta centímetros |

Tu profesor o profesora te puede medir y tú te dibujas al lado de la cebra. Completa la frase.

El día _____ mido un metro _____.

¿Y tu compañero o compañera?

cuarenta y siete • 47

# El cuerpo

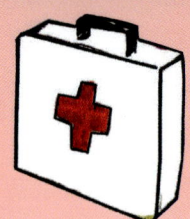

Dibújale al payaso una nariz grande y roja, boca redonda y orejas grandes.
¿De qué color son los ojos y el pelo?

Dibuja a una persona que conoces.
Cuéntale a tu compañero o compañera.
¿Quién es? ¿Cómo se llama? ¿Cuánto mide? ¿Cuántos años tiene?

# El cuerpo

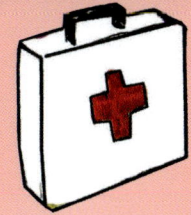

**Vamos a jugar:**
Una persona es Simón. Simón describe una acción y todos lo imitamos, pero ¡cuidado! sólo lo hacemos cuando la frase empieza por "Simón dice…", si no, estamos eliminados. La última persona eliminada será el próximo Simón.

Aquí tienes un crucigrama con las partes del cuerpo:

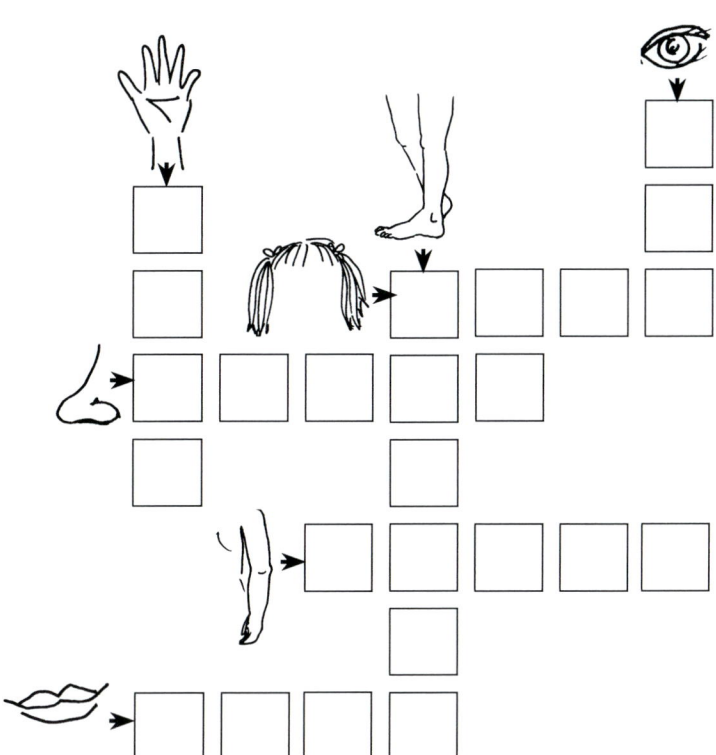

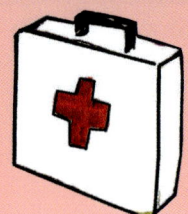

# El cuerpo

¿Son iguales Manolito y Pepito?
Descubrid entre todos qué partes del cuerpo son diferentes.

Manolito tiene la boca grande y Pepito tiene la boca pequeña.

Manolito

Pepito

La función termina. El público aplaude y los artistas se despiden. La gente se va a casa. Es una noche preciosa de verano. Las estrellas y la luna brillan en el cielo. "¡Qué bonita noche, Pablito! Buenas noches".

# La naturaleza

¿Qué es típico de la primavera, el otoño, el invierno y el verano?
Busca los dibujos correspondientes y cuéntale a la clase.

| | | | |
|---|---|---|---|
| el mar | el gorro | el conejo | el arcoiris |
| la manzana | las castañas | las fresas | el castillo de arena |

¿Qué es típico de la primavera?

el bañador

la cometa

Las flores.

| | | | |
|---|---|---|---|
| la nieve | la bufanda | la sopa | el paraguas |
| la mariposa | la playa | el nido | las uvas | la chimenea |
| las hojas | el sol | las flores | los pajaritos | las botas |

52 • cincuenta y dos

# La naturaleza

Relaciona las palabras con las estaciones del año.

**PRIMAVERA**

Hace buen tiempo.

flor

mar

mariposa

**VERANO**

Hace calor.

sol

uvas

hojas

lluvia

viento

nieve

playa

pájaros

Hace viento.

Hace frío.

arcoiris

**OTOÑO**

**INVIERNO**

# La naturaleza

Haz un dibujo de la estación del año que más te guste.

¿Qué estación del año es?
Pregúntale a tu compañero o compañera cómo es su dibujo.
Él o ella deben responder con sí o no.

# La naturaleza

Completa el calendario con los cumpleaños de tus amigas y amigos.

¿Cumples años en otoño?

No, mi cumpleaños es en verano.

marzo

abril

mayo

junio

julio

agosto

septiembre

octubre

noviembre

diciembre

enero

febrero

cincuenta y cinco • 55

# Vamos a repasar

**PRIMAVERA**
Escribe las palabras de abajo en su sitio.

arcoiris • cielo • mariposa • nido • conejo • gato • niño • hierba • flor • falda • camiseta

56 • cincuenta y seis

# Vamos a repasar

**VERANO**
Escribe las palabras de abajo en su sitio.

pelota • mar • perro • sol • pájaro • helado • barco •
bicicleta • bañador • sombrero • pie

# Vamos a repasar

OTOÑO
Escribe las palabras de abajo en su sitio.

cometa • paraguas • pantalones • botas • mono • manzana • hojas • casa

58 • cincuenta y ocho

# Vamos a repasar

**INVIERNO**
Escribe las palabras de abajo en su sitio.

árbol • bufanda • gorro • chimenea • jersey •
caballo • nieve • coche • sopa • nariz • boca

# Vamos a repasar

Relaciona la palabra con su dibujo.

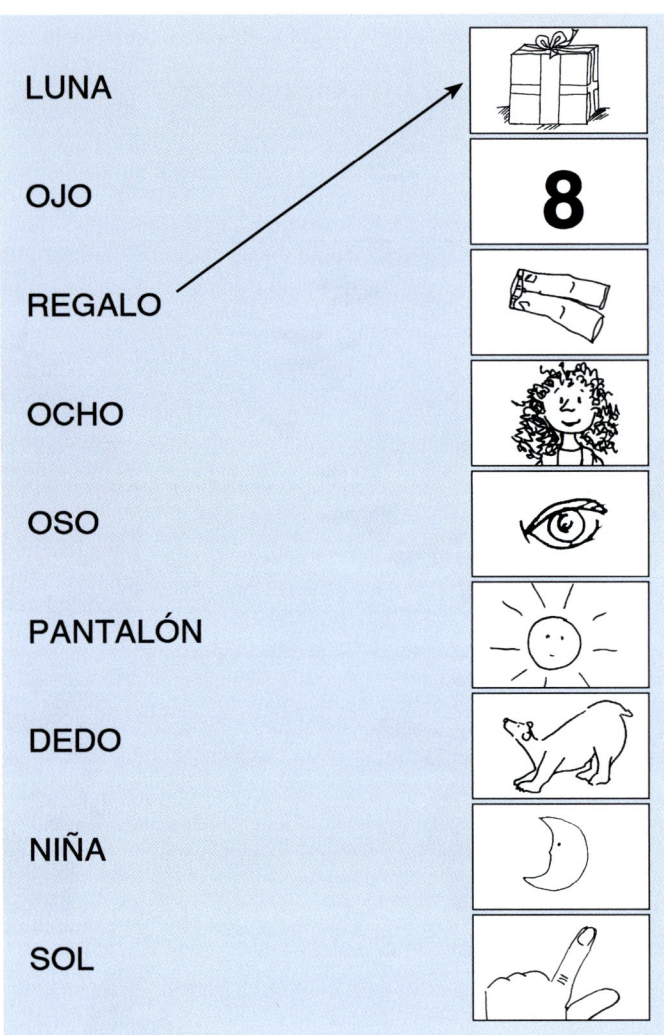

Resuelve el crucigrama.

# Vamos a repasar

Responde a las siguientes preguntas.

¿De qué color es la naranja?

¿De qué color es el plátano?

¿De qué color es el tomate?

¿De qué color es el mar?

¿De qué colores son las hojas?

¿De qué color es la nieve?

¿De qué color es la noche?

¿De qué color son las castañas?

¿Qué animal prefieres? Escribe su nombre.

A               B               C

Colorea.

EL PEZ

azul
rojo
azul
amarillo
rojo

LA FLOR

lila
amarillo
verde

sesenta y uno • 61

# Vamos a repasar

Responde a las siguientes preguntas.

1. ¿Cómo te llamas?

2. ¿Cuál es tu animal favorito?

3. ¿Cuántos años tienes?

4. ¿Cómo se llama tu mamá?

5. ¿Cuándo es tu cumpleaños?

6. ¿Cuál es tu color favorito?

7. ¿Te gusta el helado?

8. ¿Con qué parte del cuerpo oímos?

9. ¿Cuál es tu medio de transporte favorito?

10. ¿En qué estación es tu cumpleaños?

# Vamos a repasar

El _____ está aquí. Todo está preparado.

"Pasen, señoras y señores, _____ y niñas, bienvenidos al circo".

Carmen y Pablito tienen muchos amigos en el circo.

"Este es mi amigo el _____ Pepe".

Hoy es el _____ de Carmen. El dos de agosto.

Antes de empezar la función todos cantan la canción de cumpleaños

_____. "¡Felicidades!"

Empieza la función. La _____ de los elefantes sale a la pista.

"Bienvenidos señoras y señores, niños y niñas, con ustedes … la familia

de los _____ de África".

Es el turno de los payasos Colorini.

Tienen _____ de muchos _____;

rojo, verde, amarillo, azul y los reparten entre los niños. "¿Quieres uno?"

# Vamos a repasar

En el circo también se puede _____ y comer en el descanso.

"Palomitas, _____, cacahuetes, limonada, zumo de naranja, _____".

Le toca a Pablito con su _____.

Pablito se viste para empezar la función.

"¿Dónde están mis _____?"

Empieza la actuación de _____.

"Con ustedes la gran equilibrista Carmen".

¡Ohhhh!, ¡se cae del _____! ¡Qué susto! Por suerte no es grave.

La función termina. El público aplaude y los artistas se despiden.

La gente se va a _____. Es una noche preciosa de verano.

Las _____ y la luna brillan en el cielo.

"¡Qué bonita noche!, Pablito. _____ noches".